S. S. LE PAPE LÉON XIII

Les Angevins à Rome

Souvenir du Pèlerinage de 1902

ANGERS

GERMAIN & G. GRASSIN, IMPRIMEURS-LIBRAIRES

40, rue du Cornet et rue Saint-Laud

1902

LES ANGEVINS A ROME

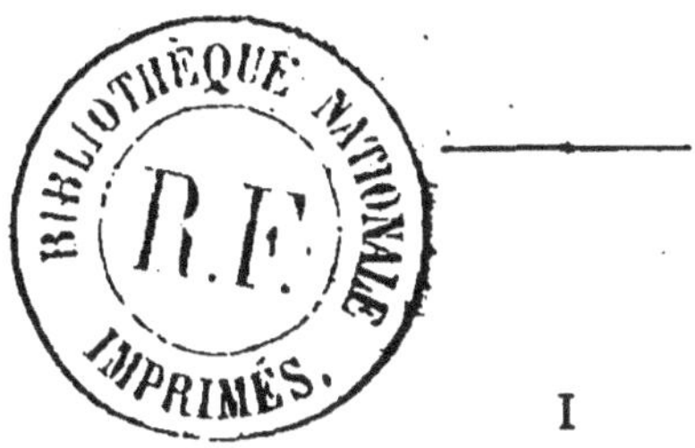

I

Au moment de consacrer quelques lignes au souvenir du voyage charmant, mais rapide, que viennent de faire à Rome les pèlerins de l'Anjou, je ne puis me défendre de songer à ces petits chefs-d'œuvre qu'en l'espace de huit jours Molière suffisait à imaginer, à écrire et à mettre à la scène, pour le divertissement du grand Roi et les délices de la postérité. Notre voyage, en effet, au moins dans sa forme définitive, a ressemblé à une improvisation, et l'impromptu d'Angers à Rome — sauf toute révérence pour l'un des termes de la comparaison — a pu rappeler, par quelques côtés, l'*Impromptu de Versailles*.

Les lecteurs de la *Semaine Religieuse* connaissaient déjà, par les communications chaleureuses ou inquiètes de notre cher Directeur, les tribulations de nos cœurs et les avatars de nos projets. Il s'agissait d'abord d'un grand pèlerinage français par nombre de trains spéciaux : cent cinq Angevins s'enrôlaient pour le train de Paris. Puis, huit jours avant le départ, la France entière n'avait pu suffire au surplus du contingent, dont cependant, à nous seuls, nous formions près du quart... Que faire? Capituler et brûler nos drapeaux? Nous devions mieux à la réputation du diocèse et à l'appel de son chef vénéré.

Courir à Paris, en rapporter l'ébauche rapide — un peu trop rapide, peut-être! — d'un voyage en groupes et par les voies directes, saisir ce que nous pouvions sauver de l'organisation du Comité central des pèlerinages, lancer à tous nos adhérents des circulaires urgentes et personnelles et remettre ainsi au fil de l'eau le bateau en dérive, tout cela fut l'affaire de quarante-huit heures.

Et, pour que les appréciations ne s'égarent pas, pour qu'on ne soit pas tenté de décorer de la médaille de sauvetage les deux seuls amis qui firent à toute vapeur le voyage de la capitale, l'un d'eux déclare, ici, hautement, et du plein consentement de l'autre, que rien n'eût pu aboutir à temps sans l'extraordinaire compétence technique, l'activité surhumaine et l'admirable dévouement de M. l'abbé Lancelle, du Comité de Paris; et moins encore, peut-être, sans le sens pratique, le travail incessant et les presses secourables de notre excellent ami M. Lecoq, auquel nos pèlerins doivent... tous les cierges qu'ils ont pu faire brûler à Rome. Ils sont fixés, maintenant, et leur reconnaissance peut s'exercer à bon escient.

Grâce à cette conspiration de bonnes volontés, notre bannière était relevée, et Monseigneur notre Evêque pouvait partir pour Rome avec la certitude de l'y voir glorieusement déployée. Ses pèlerins — gens de lettres — se répétaient quelque chose comme un vers d'Horace :

Nil desperandum Malsou *duce, et auspice* Rumeau,

et le lundi 9 juin, cent deux braves, sur les cent cinq du début — même après la suppression des billets de 3ᵉ classe — étaient prêts à partir pour Rome et à y boire de l'eau du Tibre dans le creux de leur main.

L'honneur de l'Anjou était sauf, et servait de palladium à celui de la France !

II

Le régiment ne pouvait voyager d'un seul bloc, et dut se partager en deux bataillons se suivant à vingt-quatre heures d'intervalle. Un lieutenant du capitaine général — Lysippe si vous voulez — conduisait la première escouade, au départ du lundi soir. Le lendemain, la seconde s'ébranlait sous les ordres d'Alexandre en personne, ayant pris les traits du chanoine Malsou. Malgré les caprices de l'itinéraire imposé, qui nous faisait remonter tout près de Dijon pour éviter, aux abords de Vichy, les express du Bourbonnais trop chargés de diabétiques pour admettre tant de pèlerins en bonne santé, Lysippe et sa troupe passèrent tout droit,

déjeûnèrent et dînèrent aux heures prévues, sautèrent mathéma-
tiquement d'express en directs, et faillirent arriver à Rome à l'heure
exacte : *res miranda... Italo !*

La tête empanachée du chanoine se heurta par malheur aux
premiers tunnels du Mont-Cenis ; ou plus exactement son panache
s'embarrassa, à Saint-Jean-de-Maurienne, dans ceux d'un cata-
falque épiscopal... Le vénéré Mgr Rosset, évêque de ce montagneux
diocèse, avait achevé de mourir quelques jours auparavant, et l'af-
fluence à ses obsèques mit en retard à toutes les gares le train qui
emmenait notre second groupe. Il se laissa dépasser par l'express
qui devait le rejoindre à Modane et lui succéder à partir de ce
point, et tout en donnant à nos voyageurs la diversion inattendue
de quelques heures passées sur les cases de l'échiquier bâti qu'est la
ville de Turin, cet incident les condamna le soir à un souper moins
confortable et le lendemain matin — peine plus sensible — à trois
heures de retard dans leur arrivée à Rome. Le train, d'ailleurs, qui les
y débarquait, était *direttissimo*. C'est pourquoi sans doute, pour ne
pas interrompre les traditions, il avait perdu sur son horaire un
peu plus de temps que le simple *diretto* de la veille.

La fatigue de ce long voyage avait été tempérée, pour chacun
des groupes, par un arrêt d'une nuit à Chambéry : halte qui mar-
quera un feuillet agréable dans le livre de nos souvenirs. En face
même de la gare, l'hôtel de la Paix nous ouvrait ses portes, et le
brave hôtelier Trabbia, — un Italien pris tout petit, élevé en
France et digne d'y être né, — nous a laissé le meilleur souvenir
de son hospitalité et de sa rondeur, — voire même de sa rotondité.
Je le recommande en confiance, bien que sur ses prières, aux
pèlerins de l'avenir : je dois bien cette recommandation, — semi-
gratuite, — à l'excellent vermouth de Chambéry que le digne
homme a tenu absolument à m'offrir, et que j'ai religieusement
absorbé à la santé de tous mes voyageurs.

Quelques intrépides, des plus tardifs à monter au lit ou des plus
prompts à en sortir, purent dans la soirée ou dès l'aurore jeter
un coup d'œil sur Chambéry et ses rares monuments : le château,
les statues des frères de Maistre, la fontaine des éléphants... La
retraite, sonnée dans les rues par un bataillon de chasseurs alpins,
donna à ceux qui purent la suivre une haute idée de la vigueur de
cette troupe d'élite et de la rapidité de sa marche...

Bientôt voici Modane, les quatorze kilomètres du grand tunnel, la descente dans les plaines fertiles de l'Italie, la pittoresque traversée des Apennins, un coup d'œil jeté à la dérobée sur Gênes la superbe, puis, dans les lueurs du couchant et sous les éclipses d'innombrables tunnels, la Méditerranée aux flots d'azur, le long de cette côte italienne, qui prolonge, avec la splendeur de sa végétation et de ses horizons, notre Corniche française. Mais si nos yeux errent avec charme sur ces merveilleux spectacles, nos cœurs tendent en avant, dépassent le vol du train, et battent d'impatience et de joie à cette pensée : « Demain matin, je vais voir Rome ! »

Les voilà enfin, au lever du soleil, ces vastes et lugubres campagnes romaines, descendant de lointaines collines pour mourir à un rivage bas et marécageux. Pays, villages, habitants, tout, jusqu'aux animaux eux-mêmes, chevaux malingres ou bœufs gris aux grandes cornes mélancoliques, donne l'impression de la tristesse, de la dévastation, de la ruine. Et cependant nos yeux avides, comme ceux de tous les voyageurs chrétiens, sondent et veulent percer ces mornes horizons, pour y apercevoir enfin le grand point lumineux du monde. Derrière cette image de la mort est le centre de la vie : au milieu de ces débris de l'histoire a été fondé, sur la Pierre, l'édifice éternel. Voici, pour faire pressentir le temple du Prince des Apôtres, celui de son compagnon de gloire et de martyre : Saint-Paul-hors-les-Murs nous apparaît sans rien nous révéler par son aspect des trésors inouïs qu'il abrite. Enfin, au-dessus d'une dernière colline, le dôme de Saint-Pierre brille tout-à-coup à nos regards émus. Salut, du fond de nos cœurs, au Vicaire de Jésus-Christ ! Salut à son Église immortelle, catholique et romaine ! Salut à ce point auguste et unique sur la terre, par lequel passent l'axe du monde catholique et le méridien de l'univers chrétien !

Nous sommes à Rome, et nous y sommes pour six jours.

III

Je ne saurais, on le comprend assez, suivre les pèlerins de l'Anjou dans leurs visites à tous les monuments de la Ville Eternelle : il y faudrait un volume, et celui-là risquerait fort de ressembler à tant d'autres en se faisant tout simplement et sans vergogne le plagiaire de ses devanciers... On n'attend de moi d'autres traits, dans le tableau de Rome, que ceux qui ont eu une touche et une couleur véritablement angevines ; je me renfermerai donc dans ces limites, dont l'étendue est encore capable d'effrayer et moi-même et mes lecteurs.

La première impulsion d'un catholique, en arrivant à Rome, est d'aller se prosterner à la Confession de Saint-Pierre. Nous n'y avons pas manqué, et notre premier rendez-vous y a été fixé. Pour le premier groupe, il était 10 heures du matin, heure à laquelle la vaste basilique est libre pour la prière et les chants des pèlerins. Nous avons jeté aux échos de ses voûtes et de sa coupole immenses un *Credo* jaillissant à la fois de nos cœurs et de nos poitrines. Nos voix avaient d'elles-mêmes tous les accents : on y sentait vibrer la foi, la tendresse, l'émotion, le triomphe. Ce n'est plus assez, ici, de confesser sa foi, il faut la proclamer, la chanter ! Un *Credo* à Saint-Pierre de Rome est comme une préface du *Sanctus* éternel...

Si l'âme, dans ce temple magnifique, s'élève sans effort jusqu'au ciel, le corps peut s'en rapprocher, au prix d'une ascension relativement facile. Nombre de nos pèlerins ont pu contempler Rome et ses alentours de la balustrade supérieure de la coupole. Leurs regards s'étendaient avec ravissement sur cette forêt magnifique d'églises et de monuments étendue à leurs pieds ; ils allaient frapper, à l'horizon, les croupes bleuâtres des monts Albains, gracieusement couronnés par le village de *Rocca di Papa*, qui nous rappelait la villégiature des Papes tout près de là, à Castel-Gandolfo, lorsque les Papes étaient libres et qu'ils étaient Rois. Mais combien de ces regards n'ai-je pas surpris à se fixer, brillants d'émotion et voilés de tristesse, sur ce coin du palais du Vatican, que nous touchions de la main et qui, malgré ses splendeurs, n'est plus que la prison d'un Souverain dépossédé et d'un vieillard captif ?

IV

Le vendredi 13 juin ayant été la première journée passée à Rome en commun par l'assemblée de nos deux groupes, nous avons inauguré nos sorties collectives par l'accomplissement d'un double et bien agréable devoir. Nous avions hâte, en effet, d'aller porter nos hommages à Monseigneur notre Evêque, qui nous avait précédés à Rome, et à son prédécesseur, S. Em. le Cardinal Mathieu, qui nous y attendait.

A trois heures donc, heure avant laquelle les courses dans les rues de Rome sont, en cette saison, une fatigue et une imprudence, une trentaine de voitures, amenant les uns de l'Hôtel Continental, voisin de la gare, les autres de l'Hospice Sainte-Marthe, où ils recevaient la frugale hospitalité de la Commission romaine, confluaient des deux points opposés de la ville à Saint-Louis des Français, où Mgr Rumeau était descendu. C'est dans l'église elle-même que Sa Grandeur est venue recevoir le salut de ses pèlerins, par conséquent en terre française, comme Elle a eu le soin de nous le faire remarquer, l'édifice, aux termes des conventions diplomatiques, étant considéré comme sol national pour la France, au même titre que celui de son ambassade.

On devine assez avec quelle joie, — et je crois pouvoir ajouter avec quelle fierté, — Monseigneur a reçu la députation de son diocèse, de beaucoup la plus nombreuse de France présente alors à Rome. Il a daigné nous en remercier et nous en bénir, et nous avons récité avec lui une courte, mais fervente prière, pour la patrie à la fois lointaine et retrouvée. Pour douter de l'ardeur avec laquelle nous nous y sommes unis, il ne faudrait pas avoir senti ce qu'éprouve, à l'heure actuelle, dans cette ville de Rome, et à l'ombre du Saint-Siège, le cœur navré d'un catholique français...

Quelques instants après, spectacle peu banal, bien qu'assez familier pour les Romains, toute la caravane hippomobile traversait Rome de part en part à travers vieux quartiers et antiques monuments, et nous déposait au portail de la villa Wolkonsky, résidence de S. Em. le Cardinal Mathieu. Le Cardinal habite aux portes mêmes de Saint-Jean de Latran, près de l'enceinte extérieure de la ville, un palais qui pourrait lui rappeler son ancienne résidence épiscopale de l'Esvière, n'était la splendeur incomparablement plus grande de la vue dont il jouit et de la végétation qui l'entoure. Le jardin étendu où se pressent les arbres ombreux de nos climats et les plantes luxuriantes des pays chauds est divisé dans sa longueur, par les ruines d'un des aqueducs de la Rome antique, en deux parties qui en varient les charmes et l'aspect :

côté du nord et côté du sud, de l'ombre et du soleil. C'est à l'ombre, comme on le pense bien, que nous était réservé le salon de réception, tout tendu, le long de ses murs et de son plafond, du velours vert des belles feuilles brillantes. A peine y avions-nous pris place, sur deux files profondes, que Son Eminence apparaissait, et nous souhaitait cordialement la bienvenue.

Je suis bien tenté, à ce point de mon récit, de profiter de ce que Voltaire n'est plus là pour faire des épigrammes contre les compilateurs, et d'imiter l'abbé Trublet... en pillant l'abbé Malsou. Ce bon ami, dans quelques lignes envoyées à la *Semaine religieuse*, de Rome même, au vol de sa plume et de son cœur, a déjà parlé de la réception de S. E. le cardinal Mathieu en des termes charmants qui ont en quelque sorte écrémé le sujet, et ne me laissent la ressource, si j'ose continuer cette image champêtre, que de battre le beurre avec du petit-lait... Je me bornerai donc à peindre d'un mot, après lui, la bonté et le charme de l'accueil que nous réservait l'excellent Cardinal, dont la pourpre romaine n'a changé ni l'esprit, ni le cœur. Il nous apparaissait, à dessein, dans le manteau même dont son ancien diocèse d'Angers lui a fait hommage : il avait à ses côtés Monseigneur d'Angers, venu le saluer avec nous et nous présenter à lui, et le directeur actuel de l'Ecole française à la Villa Médicis, M. Guillaume, membre de l'Institut. Après nous avoir dit à nous-mêmes des choses aimables qui nous ont fait le plus grand plaisir, et de Mgr Rumeau des choses justes, —. peut-être des choses prophétiques, — qui nous ont fait plus de plaisir encore, le bon Cardinal a parcouru nos rangs avec un mot gracieux ou gai pour chacun de nous, et pour bien nous démontrer son empressement à nous faire plaisir et à mettre à notre service toute sa haute influence, il a voulu nous accompagner, incontinent, à la vénérable basilique de Saint-Jean-de-Latran.

Là, nous nous prosternions dans la chapelle du Saint-Sacrement et nous chantions l'*Ave verum* avec une foi et une dévotion que l'on devinera sans peine, quand on se souviendra qu'au-dessus de l'autel, préservée et cachée à la fois par de riches volets, se conserve l'insigne relique d'une notable portion de la Table de la Sainte-Cène. Ce n'a pas été notre seul bonheur que de prier et de chanter devant ce trésor. Devant un désir du Cardinal, toutes les barrières ont été levées, et par des escaliers intérieurs nous avons pu nous approcher de l'auguste relique jusqu'à coller nos lèvres sur le verre en contact immédiat avec elle.

Le Cardinal nous a fait ouvrir ensuite les portes du charmant cloître intérieur de la Basilique et, avant que nous ne quittions le monument, nous a signalé un travail extraordinaire, don de la munificence de Léon XIII. L'abside tout entière de la Basilique, masse énorme de maçonnerie revêtue de mosaïque des premiers siècles, a été, par un procédé moderne qu'on n'avait jamais encore, que nous sachions, appliqué à des monuments historiques, enlevée tout d'une pièce, sans la moindre fissure, et reculée d'une vingtaine de mètres pour augmenter d'autant la profondeur du chœur. Notons, en passant, que cet agrandissement a permis d'y installer de belles orgues de facture française : elles sont signées de Cavaillé-Coll.

A peu de distance, la vieille Basilique de Sainte-Croix de Jérusalem ouvrait pour nous, devant le Cardinal et Monseigneur, les incomparables trésors des grandes Reliques de la Passion. On sait que là sont conservés plusieurs fragments notables de la Vraie Croix, dans un reliquaire de la même forme, en cristal; une grande partie du titre de la Croix; deux épines de la sainte Couronne, un Clou du crucifiement, etc. — Ces richesses sans prix sont d'ailleurs les seules dont la célèbre basilique puisse s'enorgueillir; l'architecture et la peinture ont porté ailleurs leurs efforts.

Nous visitions enfin dans la même journée la Basilique de Saint-Laurent-hors-des-Murs. L'antiquité des vieilles parties du monument, la naïveté des fresques du xiiie siècle qui en décorent le narthex, séduisent les artistes : le glorieux tombeau de saint Laurent attire les chrétiens, et particulièrement les Romains. Deux choses, à côté de ces souvenirs, nous ont intéressés et émus.

En arrière du chœur, autour du tombeau modeste de Pie IX, auquel l'humilité chrétienne du saint Pontife avait interdit de consacrer plus de quatre cents écus, la vénération, l'amour et la reconnaissance du monde catholique ont élevé une chapelle funéraire digne d'une telle mémoire. Je ne puis que signaler la mosaïque des parois, composée des armes de tous les évêques créés par Pie IX. On y retrouve, pour le diocèse d'Angers, celles de Mgr Freppel. Ces deux grands noms méritaient bien notre visite et notre hommage.

Après le départ du Cardinal et de Monseigneur attendus à Rome, nous voulûmes encore visiter, autour de la Basilique de Saint-Laurent, le cimetière de ce nom, pour y saluer le monument érigé à la mémoire des zouaves pontificaux tombés pour la défense de l'Église. Ce monument est d'une simplicité éloquente et d'une conception véritablement supérieure et chrétienne. Saint Pierre est debout ; avec un regard à la fois douloureux et paternel, il remet ses clefs dans l'une des mains du guerrier qui, le genou ployé à ses pieds, fait de l'autre main, avec l'épée, le geste du salut et de l'obéissance. C'est là tout, mais c'est religieux et grandiose ; c'est mieux encore, et pour lâcher le mot, c'est empoignant ! Ah ! devant une si noble idée, si simplement, si supérieurement exprimée, devant cette limpidité de la statuaire italienne, comme on se prend à maudire de bon cœur les commissions de savants et d'artistes suivant la formule païenne, qui se mettent à six ou à huit pour infliger à la cathédrale de Nantes un Lamoricière sous le suaire, à celle d'Angers un Freppel renversé !

V

Le samedi matin, notre effectif étant au complet depuis la veille, Monseigneur avait eu l'heureuse pensée de célébrer la première messe commune de pèlerinage dans le plus illustre des sanctuaires dédiés à la Mère de Dieu. Nous nous pressions donc, aux alentours de 7 heures et demie, non sous les voûtes de Sainte Marie Majeure — cette expression ne saurait convenir à la plupart des églises d'Italie, — mais sous son riche plafond, d'une magnificence royale, où resplendit encore, si l'on en croit une tradition locale, le premier or que l'Ancien Monde ait reçu du Nouveau.

Après un coup d'œil sur les splendeurs du monument, nous cherchons des yeux l'autel où doit se dire la messe épiscopale : détail oiseux, sans doute, s'il ne nous avait valu un petit trait de mœurs. Sera-ce à la chapelle Borghèse, merveilleuse construction, église dans une église, s'ouvrant à gauche de la grande nef, mais toutefois, par un régime singulier, complètement distincte, dans son administration et ses revenus, de la Basilique elle-même ? — Oui certes, protestent deux sacristains affairés, parés de leurs plus beaux surplis, et nous montrant les ornements pontificaux déjà déployés sur l'autel. — Non pas, ripostent les gens de la Basilique, et c'est à la Confession, c'est-à-dire sous l'autel papal, que Monseigneur d'Angers a demandé à célébrer... Comme ces derniers avaient seuls raison, les premiers tombèrent à l'instant dans un désespoir que je n'oserais qualifier de sacré, mais qui leur inspira une véhémente éloquence pour nous expliquer comment ils venaient de perdre deux heures pour préparer en vain l'autel et les ornements ! Nous mîmes, en riant, suivant le formulaire italien, quelques sous dans leur main crochue, en guise de baume sur la plaie, et ils nous reconduisirent l'échine basse, en nous appelant Excellences...

Hâtons-nous de nous agenouiller à la Confession, chapelle demi-souterraine, toute revêtue d'or et de marbres précieux. Un trésor plus précieux encore brille sur l'autel : dans un reliquaire de cristal, offrant la forme d'un berceau, dont toutes les arêtes, en argent massif, sont rehaussées de gemmes d'un prix inestimable, nos yeux attendris entrevoient et vénèrent une partie notable du bois de la Crèche de Notre Seigneur. Comment peindre les sentiments qui se pressent dans l'âme du pèlerin chrétien, lorsqu'en face de ce trophée de la pauvreté et de l'humilité d'un Dieu, de ce bois grossier qu'ont touché les membres de Jésus-Christ et les mains chéries de sa divine Mère, il voit entre les mains consacrées de l'Evêque descendre encore l'Enfant de Bethléem, non plus cette fois comme à la dérobée et dans un village ignoré, mais au milieu des pompes sacrées, au cœur de cette ville de Rome, centre de son Eglise, — comme un triomphateur descend de son char dans la capitale de son empire, que les siècles seront impuissants à lui disputer ?

Perpétuité des grandeurs divines, caducité des grandeurs humaines ; voilà le contraste dont, au sortir de Sainte Marie Majeure, la Providence nous ménageait le spectacle. Un général de cavalerie venait de mourir dans le quartier; de tous côtés arrivaient les troupes pour prendre part à la pompe de ses obsèques : de toutes les rues débouchaient des groupes d'officiers aux uniformes panachés et criards, qui leur donnaient un faux air de pompiers endimanchés. Massés, dans les attitudes les plus diverses, et même les plus pittoresques, qui eussent fait la joie d'un photographe indiscret, sur les vastes marches qui descendent du chevet de la Basilique, nos pèlerins attendaient le cortège à défiler et les musiques à jouer. Le spectacle et l'harmonie répondirent-ils à leur attente ? Je n'oserais l'assurer : et le seul objet qui me parut vraiment pompeux dans cet amas de couleurs et de bruit fut le corbillard du brave général, traîné par quatre superbes chevaux, — noirs comme celui de Boulanger, bien que moins célèbres dans l'histoire.

VI

La messe du dimanche, — obligatoire et plus solennelle, — nous réunit dans une enceinte plus auguste encore. Monseigneur voulut bien la dire pour nous dans la Basilique vaticane à l'autel de la Chaire de Saint-Pierre, qui occupe le chevet de l'abside, en arrière de l'autel papal. Quelle que soit la majesté du lieu et des souvenirs, j'ai toujours retrouvé là une impression à laquelle bien peu de pèlerins, sans doute, ont dû échapper. Le vieux et fruste siège du premier des Papes, recouvert par une riche enveloppe de bronze qui en accuse la forme, est soutenu en l'air par quatre colossales figures de Docteurs dont l'attitude maniérée, les mîtres en tours penchées et les chapes en coup de vent offusquent le bon goût, si elles ne vont jusqu'à tenter de scandaliser la piété. Exemple, malheureusement trop imité dans le reste de Saint-Pierre, au pont Saint-Ange et dans les autres grandes basiliques de Rome, d'un dévergondage d'imagination où les statuaires de la Renaissance virent une nouveauté de génie, mais que les siècles suivants ont stigmatisé, avec autant d'irrévérence que de justice, de la qualification désormais classique de style *rococo*.

Mais avons-nous même le loisir de songer à ces ombres, quand notre foi revoit le spectacle lumineux de l'Eglise assise encore et inébranlable, après tant de siècles, sur cette chaire si humble et si grande à la fois, devant laquelle nous sommes prosternés ? Le Christ qui a bâti sur ce fondement angulaire est toujours vivant et présent ; il descend sur l'autel, il descend dans nos cœurs... Et tenez, prêtez l'oreille : entendez-vous, dans les lointains échos du temple immense, je serais tenté de dire de ce palais d'un Dieu, retentir des chants adoucis par la distance et qui ne nous semblent qu'un harmonieux murmure? C'est celui de la prière chrétienne, de la liturgie catholique, que ramène l'heure des Matines, et qui se fait entendre aujourd'hui, comme hier, comme demain; comme à travers les âges, pour chanter la foi constante des siècles, et continuer son hymne pendant l'éternité. O merveilles de Saint-Pierre de Rome, qu'êtes-vous auprès de ces pensées? Vous avez beau nous envelopper, nous écraser de vos splendeurs, nos âmes ne sentent plus que l'Eglise, nos yeux ne voient plus que Jésus-Christ !

Une jouissance inattendue nous était réservée ; par un privilège spécial de sa liturgie propre, l'insigne Basilique célébrait l'office, non du simple dimanche occurrent, comme le reste de l'Eglise, mais de la translation des reliques de l'apôtre saint André. Le vénérable chapitre devait donc, vers 9 heures, chanter avec solennité la messe des Apôtres à une chapelle dont l'autel est consacré à Saint-Grégoire de Nazianze, circonstance qui appelait un sermon en grec et en latin à l'honneur de ce Docteur.

Comme on le pense bien, la plupart d'entre nous attendirent la grand'messe de pied ferme, expression d'autant mieux justifiée, dans les basiliques de Rome, que, faute de sièges, on y demeure debout. Je ne puis décrire, comme j'aimerais à le faire, la pompe, la dignité, la merveilleuse précision de l'auguste fonction liturgique : tout profane que je suis, j'en étais si charmé et, à dire vrai, si stupéfait, qu'il en venait à ma mémoire de vieil Angevin un souvenir qui faisait voyager mon imagination jusqu'au ciel. Je songeais à ce liturgiste consommé que, dans un moment d'admiration — ou d'impatience — Mgr Angebault appelait « le tyran du sanctuaire », et je me disais que, pour contempler une si impeccable exactitude liturgique, il était impossible que Dieu n'eût pas permis à Mgr Lamoureux d'entrebailler une fenêtre du Paradis...

Sainte Cécile et sa troupe n'auraient pas dédaigné non plus de prêter l'oreille aux chants de la messe. Nous entendions la maîtrise de Saint-Pierre, formée par la moitié environ des chantres de la Sixtine... Je n'ai ni le temps, ni le besoin d'en dire davantage. Mais j'en dois dire un peu plus du prédicateur, appartenant au séminaire grec, élégamment drapé dans sa toge noire, sur laquelle se détachait l'étole rouge en sautoir, et coiffé du bonnet cylindrique commun aux Grecs unis et aux popes orthodoxes. Il s'embarqua avec une belle emphase dans la

S. E. LE CARDINAL MATHIEU

d'après le portrait de Benjamin Constant

langue de Démosthène, et à trois que nous étions dans un coin, l'écoutant avec avidité, nous eûmes la gloire de reconnaître un mot de cet idiome. Il est vrai que nous sommes bacheliers... Après l'exorde, l'orateur bifurqua en plein latin de Cicéron, ou plutôt du xvie siècle, avec belles périodes bien longues, bien pleines, bien équilibrées, tombant avec grâce sur un verbe aux temps les plus ronflants, réservé avec art pour le charme de la cadence. Les trois savants, qui commençaient à mieux comprendre, buvaient du lait : ils croyaient voir, ressuscités du latin où ils étaient ensevelis, un Ange Politien ou un Marsile Ficin; et pour être justes, ils devaient reconnaître au discours une valeur supérieure de science patristique, sous le manteau un peu conventionnel que chaque harangueur latin cherche à tirer des épaules de Cicéron pour en couvrir les siennes.

Quand la messe fut achevée, au milieu des flots de l'encens et de l'harmonie, le vénérable Chapitre reprit, en traversant la grande nef, la route de la lointaine sacristie. Arrivé à la hauteur de la coupole, tout le groupe s'arrêta et fit face à l'un des piliers, où se trouvait exposée, au milieu des lumières, et au-dessus d'une vaste tenture de velours rouge, la relique de saint André. Le chœur entonna et chanta à voix nue une dernière antienne, avec cette inimitable perfection d'attaque et de nuances qui rend la Sixtine célèbre dans le monde entier, et dont je renonce à donner une idée à ceux qui n'ont pas entendu ces chefs-d'œuvre d'inspiration musicale et d'exécution sans tache. Du haut du balcon, la bénédiction de la relique vénérée descendit sur la foule à genoux; après quoi, chanoines, fidèles et pèlerins d'Anjou s'en retournèrent chez eux, enchantés... et bénis.

Un autre spectacle de la journée, imprévu pour nous, nous attendait au cours de nos visites aux églises de Rome. Comme nous allions entrer un instant, au passage, dans cette étrange construction de Saint-Etienne-le-Rond, semi-barbare autant par la frugalité de son architecture que par la crudité de ses fresques, consacrées aux divers supplices des martyrs, nous en fûmes empêchés par un cortège brillant. L'archevêque de Prague, récemment nommé cardinal au titre de Saint-Etienne, arrivait en grand équipage pour prendre possession. La jeune Eminence, — le cardinal a moins de quarante ans, — dont la figure respire l'intelligence et la bonté, fut accueillie, comme d'usage, par une salve de musique sacrée, et nous prîmes pendant quelques instants un plaisir dont il nous en coûta de nous séparer, à entendre quelques chanteurs et un orchestre improvisé exécuter un motet d'allure italienne, c'est-à-dire facile et brillante, d'une façon qui ferait honneur à bien des cathédrales.

Je signale, à cette occasion, la visite que nous nous fîmes un devoir de rendre, dans le voisinage, à l'église de Sainte-Sabine. Nous y rencontrâmes un autre Cardinal, — mais en peinture. — Nous saluâmes le portrait avec respect, ayant, l'avant-veille, salué le modèle avec joie : sainte Sabine est le titre cardinalice de Son Eminence Mgr Mathieu.

VII

Le lundi matin, Monseigneur d'Angers, pour qui ne comptent, quand il s'agit de nous, ni la fatigue, ni la distance, voulait bien se rendre, pour y célébrer notre messe de pèlerinage, aux Catacombes de Saint-Calixte. Parlez, pèlerins, à votre tour, et traduisez mieux que moi ce que je me reconnais impuissant à exprimer : l'émotion poignante et pourtant pleine de charme et de tendresse, qui étreignait nos cœurs et montait à nos yeux, quand nous assistions, comme nos frères aînés les martyrs, à cette messe souterraine, agenouillés sur la poussière des siècles et la cendre des saints ! A côté de cet autel rustique reposa longtemps le corps de la chère, de l'angélique sainte Cécile ; sa belle statue, copie de celle de son sanctuaire de Rome, est encore là, dans l'attitude où la mort laissa la jeune vierge, avec ce geste touchant par lequel elle confessait, en expirant, sa foi dans la sainte Trinité, étendant un doigt de l'une de ses mains pour rendre témoignage à l'unité de son essence, trois doigts de l'autre pour signifier le triple nombre de ses personnes. O lieux augustes et sacrés pour jamais ! C'est là que nous avons respiré avec enivrement, sur les fleurs de la virginité, le parfum céleste du martyre ; c'est là que nous avons chanté de nouveau, dans notre *Credo* éternel, cette foi pour laquelle nous nous sentions prêts à mourir, ainsi que cette nuée de généreux témoins qui semblait nous couvrir de son ombre, comme elle nous entourait de ses tombeaux.

Hâtons-nous de jouir un instant, au grand profit de nos corps fatigués, de l'aimable et substantielle hospitalité des bons Trappistes français qui desservent les Catacombes. Je n'étonnerai personne en disant que là, si loin que ce fût de la mère-patrie, nous avons retrouvé toutes les qualités de leur cœur, — et de leur chocolat. L'un d'eux nous fit faire ensuite, en nous armant de petits cierges et en nous éclairant de ses explications, précises et intéressantes, l'impressionnante visite des Catacombes. De tous les souvenirs de la Rome chrétienne, n'est-ce pas celui qui demeure le plus vivant et le plus profondément gravé dans les cœurs?

VIII

L'aurore du mardi se lève sur notre dernière, mais sur notre plus mémorable journée. C'est au Cardinal, cette fois, que nous en devons la première joie. Il célébrait notre cinquième messe de pèlerinage à la Basilique de Saint-Jean-de-Latran, et pour répondre à un désir où l'on reconnaîtra son souvenir fidèle et affectueux pour l'Anjou, nous l'avons accompagnée, à pleine voix, du chant de nos cantiques angevins. A quel sanctuaire de l'univers, pèlerins du diocèse d'Angers, ne sommes-nous pas capables désormais de porter notre drapeau et nos chants, après les avoir déployés avec tant de joie, et dans un reflet de pourpre, entre les murs de cette Basilique, qui se glorifie du titre de mère et maîtresse de toutes les Eglises de la terre? Du moins reviendrons-nous quelque jour les apporter ici : nous en donnons notre parole, et ce pourrait bien être parole d'évangile, voire d'évangile... selon saint Mathieu.

Et maintenant, hâtons-nous : onze heures approchent. Notre Père nous attend : le Pape nous tend les bras.

Le lecteur de la *Semaine religieuse* sait déjà, par Monseigneur d'Angers lui-même, de quelle précieuse faveur lui sont redevables les deux conducteurs de nos groupes de pèlerinage. C'est à sa bonté que j'en rapporte la grâce : c'est à vous tous, pèlerins d'Anjou, que j'en rapporte l'honneur. Je n'avais d'autre droit à m'agenouiller aux pieds de Léon XIII que celui de vous y représenter. En m'approchant de plus près de sa personne sacrée, j'ai pu mieux constater encore la merveilleuse vigueur de l'auguste vieillard. Pas un trait du visage n'accuse la décrépitude : l'œil est demeuré limpide et plein d'autorité; et par un phénomène qu'ont pu apprécier et qu'ont décrit à l'envi tous ceux qui ont approché le Pape, on dirait que son âme, lame d'acier trempé, sans avoir usé son fourreau, en a aminci l'enveloppe au point de la rendre diaphane. Le visage du Saint-Père est en quelque sorte translucide, comme les onyx des Basiliques, et je ne pouvais échapper, pour ma part, au milieu de ma vive émotion, à une impression en quelque sorte surnaturelle. A travers les traits de son Vicaire, il me semblait par moments que j'allais apercevoir Jésus-Christ !

Du cabinet où nous fûmes admis, avant de se rendre à la salle de l'audience, le Pape en traversa une autre, dite salle *Clémentine*, où lui fut présenté par son auteur, accompagné de deux Frères Mineurs, un grand et très lumineux tableau représentant une scène de la vie d'une bienheureuse tertiaire de l'Ordre, Catherine Höss. Ce petit crochet nous permit de saisir sur le vif la vigueur de corps et d'esprit du Saint-Père. Non seulement, de sa *sedia*, il contempla longtemps le tableau en demandant qu'on lui en expliquât toutes les parties : mais pour en mieux saisir un détail, il se leva, s'approcha de la toile, et l'examina avec un soin et un plaisir qui durent agréablement récompenser l'artiste et les donateurs.

Enfin les portes s'ouvrent, et au milieu d'un brillant cortège, — où étaient heureux de s'introduire les deux amis honorés tout à l'heure d'une audience particulière, — le Souverain Pontife apparaît dans la salle, au milieu de nos acclamations. Il nous salue d'un geste affectueux et paternel, et commence immédiatement le tour de l'appartement, avec une lenteur qui permet à tous les pèlerins, sans exception, de se prosterner à ses pieds et de baiser sa main. Faveur bien rare désormais, que depuis longtemps le Saint Père n'avait pas accordée en audience publique, et qui a imprimé à la nôtre un caractère intime et en quelque sorte familial, dont bien d'autres pèlerins auraient le droit de se montrer jaloux.

Avant même de bien apercevoir Léon XIII, assis près de terre sur la petite *portantina*, nos yeux sont frappés et comme éblouis par la splendeur de son entourage : officiers aux brillants uniformes, suisses aux costumes bariolés, camériers étincelants de décorations... Donnons en passant un coup de crayon aux porteurs de la chaise papale, entièrement vêtus de soie rouge brochée, et dont l'un en particulier, magnifique gaillard de six pieds de haut, marche dans les brancards d'avant avec l'encolure d'un carrossier d'ambassade...

Ainsi porté et environné, le Pape s'approche. Près de lui sont Monseigneur d'Angers et l'excellent Cardinal, qui avait tenu à joie et à honneur de présenter au Souverain Pontife ses anciens diocésains, de concert avec leur évêque actuel. Au passage de sa Sainteté, chaque groupe, chaque famille, parfois chaque pèlerin lui est présenté, et une bénédiction paternelle, souvent un mot affectueux, tombent des mains et des lèvres du Pape. Ce mot est au besoin familier et gai. Le Cardinal lui présente ses deux domestiques, pour lesquels il avait demandé au curé de la Trinité deux billets d'audience, — en les payant de cent francs pour ses pauvres : « Très Saint Père, ceux-ci sont de ma *famiglia.* » — « Eh bien, je les bénis, pour qu'ils vous servent bien ! » — « Voici, Saint Père, lui dit Monseigneur d'Angers, des prêtres et des pèlerins d'une paroisse de notre Vendée, la meilleure partie de mon diocèse. — Oh ! je sais bien que votre diocèse est excellent ! » — et, se retournant avec un sourire malin vers le Cardinal : « Voilà pourquoi le cardinal Mathieu ne voulait pas le quitter pour aller à Toulouse : il lui a fallu l'obéissance, — oui, l'obéissance ! » Et il accentuait le mot. Pendant la longue et touchante entrevue, mes yeux ne quittaient le visage du Saint Père que pour se porter sur celui des pèlerins. Quelle émotion dans leurs regards, quel respectueux amour dans leurs baisers, et souvent que de larmes sous leurs paupières (1) !

Avant de se retirer, Léon XIII s'arrêta un instant, se retourna vers nous et, d'une voix affaiblie, mais distincte encore, nous dit que notre pèlerinage était pour lui une grande consolation. Le Cardinal lui ayant fait l'éloge de notre diocèse et lui ayant dit que le Saint-Siège ne comptait pas d'Evêque plus méritant et meilleur que celui d'Angers : « Je le sais, répartit le Pape : aussi je compte que vous reviendrez dans deux ans avec vos diocésains ». Le Saint

______

(1) Faut-il citer à part, — eh ! pourquoi pas, en raison de ses malheurs, — l'excellente Mlle Braconnier, du Lion d'Angers ? La veille au soir, elle se donnait une entorse dans les corridors de Sainte-Marthe, et devait se faire porter à l'audience à bras tendus. Cela lui a valu une bénédiction et une commisération spéciales du Saint Père. Je raconte l'aventure : mais qu'on n'en prenne pas texte à l'avenir pour essayer de se concilier, par une entorse, les faveurs pontificales. Ce serait un pur *braconnage.*

Père faisait allusion ainsi à ce que Monseigneur venait de lui dire en audience particulière. Sa visite à Rome n'était pas cette fois le voyage canonique *ad limina*, mais un pèlerinage entrepris pour présenter à Sa Sainteté ses diocésains d'Angers. Dans deux ans l'obligation de sa charge le ramènerait à Rome, où il espérait bien revoir, pour célébrer le glorieux cinquantenaire de l'Immaculée-Conception, et encore assis sur la chaire de saint Pierre, le seul survivant de tous les cardinaux qui assistaient, en 1854, à la proclamation du dogme.

Puis, nous ayant affectueusement bénis, le Pape disparut au milieu de nos cris de reconnaissance et d'amour. Nous venions de vivre une heure inoubliable de notre vie : notre pèlerinage avait reçu son couronnement.

IX

A peine sortis de l'antichambre pontificale, nous nous répandions dans le Vatican pour en admirer les appartements et les musées demeurés ouverts en notre faveur, sur la prière de Monseigneur et sur l'ordre du Saint-Père. On n'attendra pas de moi le tableau de ces merveilles, si souvent décrites et si justement vantées. De semblables trésors veulent d'ailleurs être étudiés à loisir, et je n'oserais affirmer que dans la rapidité nécessaire de notre passage, tous nos pèlerins aient pu les goûter comme ils le méritent. Toute œuvre, en effet, ne s'impose pas également à l'intelligence artistique du public, et si par exemple le Laocoon excitait des murmures d'admiration pour l'expression sublime de la souffrance humaine, je surprenais en revanche, autour de l'Apollon du Belvédère, des regards déconcertés qui, après avoir sommairement dévisagé l'Apollon, semblaient chercher en vain le belvédère... Notre visite s'acheva à la chapelle Sixtine. Les artistes firent fête aux fresques de Michel-Ange, d'une originalité si puissante, sinon d'une inspiration si chrétienne : les autres, — la majorité numérique, — aux bancs élevés dans la chapelle à l'usage des cardinaux, et qu'ils appliquèrent avec entrain au délassement des pèlerins.

A trois heures, nous avions rendez-vous pour accomplir le dernier acte commun, et l'un des plus touchants de notre pèlerinage; la grille des jardins réservés du Vatican s'ouvrait devant nous. A peine entrés, nous prenions, avec la régularité à laquelle nous sommes accoutumés, nos rangs de procession, et l'Anjou, l'Anjou tout entier, puisqu'il était représenté par tous ses pèlerins, par son Cardinal, par son Evêque et par le chanoine Malsou, se mettait officiellement en marche, cantiques à la bouche et chapelets à la main, pour son quarante-deuxième pèlerinage à la grotte de Lourdes.

Depuis peu de jours, en effet, Léon XIII venait d'ériger et de bénir lui-même, dans une partie élevée et retirée en même temps de ses jardins privés, une grotte qui ne saurait plus parfaitement ressembler à celle de Lourdes, puisque toutes les dimensions en ont été exactement relevées et scrupuleusement copiées d'après celles de la grotte de Massabielle. De longues et ombreuses charmilles nous y ont conduits, en retentissant de nos chants. A ce bruit et à ce spectacle si nouveaux pour eux, jardiniers et vignerons accouraient à l'envi sur notre passage : et il n'est pas jusqu'à une superbe perruche, magnifiquement vêtue par la nature aux couleurs pontificales, qui n'ait semblé prendre un plaisir extrême à nous entendre, pour répéter un jour, peut-être, quelque chose de nos cantiques.

Adossée à un mur élevé, la Grotte du Vatican ne saurait, assurément, donner l'illusion de la nature : mais beaucoup de détails de Lourdes y sont fidèlement reproduits. La petite fontaine de marbre porte l'inscription connue : « Allez boire à la fontaine et vous y laver »; mais elle ne verse par ses trois griffons qu'une eau dont la température accuse la différence des climats...

Après avoir fait devant la grotte une première station et entendu quelques mots de la bouche de son Eminence et de celle de Monseigneur, les Angevins continuèrent leur procession et leurs chants : mais il faut avouer qu'un reposoir se trouva inopinément sur la route, à un tournant où, dans deux enclos contigus, sont entretenus un troupeau de daims et une couple d'autruches. Pareil spectacle méritait et obtint un long arrêt, et nous en avons joui à loisir avant de terminer notre procession par une dernière station à la grotte de Notre-Dame de Lourdes.

Pèlerins d'Angers! Notre diocèse est le premier, et le seul jusqu'ici, à avoir joui d'un tel honneur : nous avons inauguré, au Vatican, la série des grands pèlerinages de Lourdes! Soyons-en justement fiers, et sachons compter l'événement à sa valeur. Nous avons véritablement accompli, ce jour-là, notre quarante-deuxième pèlerinage à Notre-Dame de Lourdes. J'en prends acte publiquement, et avec une légitime fierté : et j'inscris officiellement, de l'aveu de tous, ce chiffre glorieux dans les plis de notre drapeau !

Penser que nous avions épuisé par là la série de nos bonnes fortunes, serait oublier que nous étions conduits par le cardinal Mathieu. Comme nous passions, au retour, près de la villa d'été que Léon XIII a fait restaurer à son usage, et qu'il vient habiter, depuis quelques années, pendant les grandes chaleurs, le Cardinal eut la pensée aimable de nous en faire ouvrir les portes. Elles s'ouvrirent, en effet, à la simple expression de son désir, et après avoir joui de la vue superbe de la terrasse sur toute la ville et les montagnes lointaines, nous eûmes la faveur d'entrer dans les appartements pontificaux, même les plus réservés. Je vous le demande, mes chers camarades de pèlerinage : aviez-vous rêvé à Rome un accueil plus large, une entrevue plus familière avec le Pape, des facilités plus grandes pour entrer partout et pour tout voir, une plus haute influence enfin mise à notre service avec une plus grande bonté ?

X

J'ai épuisé le récit de nos grandes réunions. J'ai déjà dit avec regret que je ne pouvais pas étendre mon tableau à tous les détails de notre voyage : je serais infini. Et cependant, dans nos visites collectives aux splendeurs et aux souvenirs de Rome, que de charmes et d'émotions ! qui pourra oublier le Colisée et la prison Mamertine ? qui ne s'attendrira en se rappelant Sainte-Cécile et Sainte-Agnès ? Mais je le sens, il faut renfermer tous ces parfums dans nos cœurs. O vous qui les avez respirés, ai-je besoin de vous rappeler la parole à laquelle nous avons tous souscrit, et de vous donner un nouveau rendez-vous à Rome dans deux ans ?

Je n'ai point encore parlé de l'hospitalité matérielle que nous avons reçue. Je ne puis rien dire, et pour cause, de l'hospice Sainte-Marthe, où la Commission romaine recevait la plupart de nos pèlerins. Si je consacre un mot à l'Hôtel Continental, c'est moins pour en louer les charmes et l'irréprochable tenue que pour saluer d'un souvenir le groupe de pèlerins de Paris qui, sous la conduite de M. le chanoine Bonnaire et de l'abbé Lancelle, y étaient descendus

S. G. Mgr RUMEAU

EVÊQUE D'ANGERS

avec nous. Nos rapports furent empreints, comme on le pense,
d'une cordialité essentiellement chrétienne et éminemment française; j'écris ce dernier mot en pensant à la manière dont nos
sentiments communs se firent jour, au soir de nos adieux. On put
avoir une preuve de la tendance naturelle qu'a l'esprit gaulois,
comme l'électricité, à s'écouler par les pointes; et je sais une table
où, entre gens de Saint-Laud et des alentours, on regrettait qu'un
commandeur de mes amis ne fût pas là, — autrement qu'en
statue, — pour jouir du feu d'artifice et en tirer le bouquet!

J'ai passé sous silence les épisodes de la route. Comment cependant ne pas saluer, au retour, les spectacles dont nous avons joui ? Sur les côtes de Toscane et de Ligurie, des montagnes charmantes semblent précipiter, de leurs sommets jusque dans les flots de la mer d'azur, des cascades de verdure : partout des villages, des châteaux, l'image de la fertilité et de la grâce; puis Gênes, avec cette prodigieuse activité industrielle et commerciale qui fait l'orgueil de l'Italie — et le désespoir de Marseille. Enfin, à partir de Turin, voici les Alpes ! Sous les rayons de la pleine lune comme aux premiers feux du jour nous voyons leurs profondes vallées dominées par des géants à la tête étincelante, satellites du monarque des Alpes, du Mont-Blanc lui-même, que nous pouvons entrevoir un instant. Et, jouissant de ce spectacle magnifique, les pèlerins du Jubilé de Léon XIII se disaient qu'ainsi la neige couronne tous les sommets du monde, sans les abaisser, et sans faire autre chose que d'ajouter à leur majesté et à leur splendeur.

XI

J'aurais fini, si je ne me sentais pressé de donner une dernière expression à la joie et à la reconnaissance de nos cœurs de pèlerins.

O très Saint-Père ! à vous notre hommage et notre gratitude ! Merci pour l'accueil paternel dont vous nous avez honorés, pour les bénédictions souveraines dont vous nous avez comblés ! Sans doute nous sommes allés saluer en vous le vieillard auguste qui étonne le monde à la fois par sa longévité et par sa jeunesse : nous avons rendu hommage au Souverain découronné devant lequel s'inclinent, d'un bout du monde à l'autre, les plus puissantes couronnes. Mais nous sommes allés avant tout nous prosterner aux pieds du Pape, du Vicaire de Jésus-Christ ! Plus haut que les vicissitudes de l'histoire, que les défaillances de la politique, que l'admiration même des hommes, nous avons vu en vous le Chef de l'Eglise, le Docteur du monde, le Maître infaillible de la foi, Pierre revivant tout entier dans son successeur. Nous avons touché, en vous approchant, le roc immortel sur lequel Dieu a bâti pour les siècles. Soyez vénéré pour votre puissance, félicité pour votre magnifique vieillesse, béni pour votre paternelle bonté !

Eminence, nous avons retrouvé à Rome, fidèle dans ses affections, le cœur de l'Evêque qui s'était attaché à Angers avec le rêve de ne s'en point éloigner. Votre haute dignité n'a changé en vous que le pouvoir de nous mieux obliger. Vous l'avez, pendant tous ces jours de notre pèlerinage, mis avec empressement et délicatesse à notre service. Recevez-en nos respectueux et unanimes remercîments : et si vous en pouviez douter, laissez-nous vous dire combien nous avons joui de constater que ni les années écoulées, ni le climat d'autres cieux n'avaient éteint dans vos veines l'ardeur et la verve de votre sang si français : *Ex Italo Gallus evasisti*.

Monseigneur l'Evêque d'Angers, votre dévouement à vos diocésains, votre sollicitude pour vos pèlerins vous ont conduit à Rome pour nous y faire le grand honneur de nous présenter vous-même au glorieux Jubilaire que nous allions fêter avec vous. De même que nous rendons justice et hommage à vos sentiments envers nous, vous ne pouvez douter des nôtres : et si votre diocèse ne vous le témoignait chaque jour, vous auriez entendu des voix autorisées nous dire, à nos applaudissements joyeux, en quelle juste estime vous êtes tenu, quelle place d'élite vous occupez dans le clergé de France, et j'ose l'ajouter bien haut, dans l'épiscopat français. Pour moi, s'il m'est permis de le redire ici, je ne saurais oublier que je dois à votre bonté l'une des heures les plus consolantes et les plus honorables de ma vie : et en achevant ces lignes, que j'ai écrites pour déférer à votre trop indulgent désir, je me sens pressé de vous en adresser l'hommage, comme un témoignage que je suis heureux de vous offrir personnellement, hautement, — face aux mécréants, — de ma reconnaissance, de mon obéissance et de mon respect.

A. Mauvif de Montergon.

LETTRE DE M. LE CURÉ DE LA TRINITÉ

à la *Semaine religieuse d'Angers*

Rome, lundi 16 juin 1902.

Cher Monsieur le Directeur,

Le voyage de Rome peut être long et dur, mais c'est un chemin de joie et tout parfumé d'espérance. Que comptent, pour les pèlerins, les déceptions et ennuis qui peuvent le traverser ?

Notre premier groupe, conduit par l'expérimenté M. de Montergon, arriva sans encombre à la Ville-Eternelle. L'épreuve attendait le second, conduit par votre serviteur. Peut-être, dès notre entrée en Italie, avons-nous eu la malechance de tomber sous le *mauvais œil* ! Le *jettatore* est terrible en ces pays d'outre-mont.

La correspondance, manquée à Modane, nous força de stationner quatre heures à Turin — oh ! quatre heures qui furent bien employées ! — puis de voyager, en toute vitesse, par une nuit de chaleur accablante, de diner fort mal avec les affreux *paquets* italiens, et — ceci de beaucoup plus dur — d'arriver en retard à Rome. Toutefois, nos pèlerins ne perdirent rien de leur bonne humeur et de leur entrain. Bientôt le nom de *Civita-Vecchia* retentissait à nos oreilles. Civita-Vecchia, c'est le port où débarquaient autrefois tous les pèlerins de Rome, c'est la dernière station de notre *treno direttissimo*.

Nos paquets sont faits; nous récitons une prière fervente, prière d'action de grâces et de supplication ardente, et nous regardons. Quel spectacle ! Au loin, la mer, la belle Méditerrannée, pleine de vie et de charme avec ses flots bleus et la poésie de ses souvenirs; puis, entre la mér et nous, la campagne romaine, dans cette majesté triste que lui ont faite les siècles. On sent que cette terre est fatiguée, usée, désabusée. Elle a vu passer tant de choses ! Elle a vu grandir et disparaître tant de fortunes ! Elle a été foulée par les pieds de tant de barbares ! Elle a été dépouillée, ravagée par tant de mains rapaces ! Plus rien n'y pousse; encore quelques chênes rabougris, puis c'est le désert : on rêve des steppes de Russie. Dans d'immenses espaces, une herbe grêle et menue, des marais, des ruines, et, pour animer cette solitude, de grands bœufs mélancoliques, quelques pâtres aux habits primitifs et à la mine grave et triste, comme leur triste sol.

Nous rêvons, saisis, émus; mais, bientôt, un lever de rideau, et tout le noir de nos pensées s'est envolé! « *San Paolo!* » crie le conducteur du train. C'est Saint-Paul-hors-les-murs, la radieuse basilique élevée en l'honneur du grand apôtre, mis à mort par Néron. Les choses de la terre s'étiolent et meurent; les choses de Dieu, renversées, se relèvent et, mortes, ressuscitent et, comme Dieu, demeurent pour toujours, *manent in æternum.* Rome! Nous voilà à Rome, la ville des tués pour Dieu, mais des glorieux ressuscités.

A la gare, M. de Montergon nous attend. Quelques heures après, malgré la grosse fatigue du long voyage, nous commencions nos pieuses visites. Et, tout d'abord, nous allons à Saint-Pierre. N'est-ce pas Pierre que nous venons voir, que nous avons faim de voir? Nous baisons le sol sacré de l'incomparable basilique, nous collons nos lèvres au pied du bronze de la statue du prince des Apôtres; en plus, nous prêtres, nous inclinons la tête sous ce pied, à l'exemple de saint Philippe de Néri, en signe d'obéissance et de fidélité.

Nous avons pris possession de la Ville-Éternelle.

Après Saint-Pierre, Saint-Louis-des-Français. Nous sommes catholiques, nous sommes Français : nous avons hâte d'aller prier pour notre chère patrie dans notre église nationale. A Saint-Louis, c'est la France, c'est aussi notre cher et doux Anjou. Sa Grandeur Monseigneur notre Évêque est descendu à Saint-Louis. Il apparait à ses pèlerins, avec sa figure calme et bonne, avec son bon sourire de père; il leur dit sa joie de les voir; il leur dit ce qu'il a demandé, ce qu'il a préparé pour eux ; avec eux, déjà, il veut faire une première prière. Oh! comme tous nos cœurs se dilatent! Comme nous sentons que nous ne sommes plus ici des étrangers! Comme nous sentons que nous allons être des privilégiés!

Une demi-heure après, nous étions à la villa Wolkonsky, résidence de son Eminence le cardinal Mathieu. Monseigneur était à notre tête et avait voulu nous présenter lui-même. Le salon de réception est une allée ombreuse de la splendide villa et nous nous tenons là, rangés sur deux files.

Nous n'attendons pas longtemps. Son Eminence, notre ancien évêque, nous apparaît bientôt, drapé, avec une délicate attention du cœur, dans le grand manteau de pourpre que son ancien diocèse d'Angers a été si heureux de lui offrir. Il avait, à sa droite, Monseigneur d'Angers ; à sa gauche, M. Guillaume, directeur actuel de la villa Médicis.

Après des années d'absence, avec quelle joie nous avons constaté que rien n'avait changé ni vieilli dans sa personne ! Après un petit discours de bienvenue, le Cardinal veut que chacun lui soit présenté ; et il parcourt nos rangs, conduit par le directeur du pèlerinage, et, pour chacun il a un mot personnel : mot de l'esprit le plus fin, mot du cœur le plus paternel, mot, parfois, de douce malice, mot du souvenir ému. Vous devinez si nous sommes heureux et si cette première journée est bonne et suave pour tous. Mais Son Eminence ne veut pas nous quitter ainsi et, c'est sous la conduite de *notre* Cardinal et de notre évêque que nous visitons Saint-Jean de Latran, Sainte-Croix de Jérusalen et Saint-Laurent-hors-les-Murs. Tout s'ouvre devant nous. Nous vénérons la table de la Cène, au Latran, et, à Sainte-Croix de Jérusalem, les insignes reliques que vous savez.

Les autres jours nous apportent, chacun, sa part de joies et d'émotions profondes. Samedi, nous étions groupés, à Sainte-Marie Majeure, devant l'autel de la crèche, où Monseigneur nous disait la messe. Hier, dimanche, c'était à la Chaire de Saint-Pierre, dans la grande basilique, que se tenait notre pèlerinage. Aujourd'hui, tout à l'heure, nous partons aux Catacombes, entendre la messe de Monseigneur et visiter les cryptes pleines des ossements des saints. Demain, le Cardinal nous dira lui-même la messe à Saint-Jean de Latran ; puis nous aurons la suprême joie de voir le pape. C'est à 11 heures qu'est fixée notre audience.

Pardonnez-moi le décousu de ces pauvres pages. Je vous écris dans le grand salon de l'hôtel, composite et original à plaisir. A côté de moi, à cinq ou six petites tables, les sérieux écrivent fièvreusement les impressions de la journée, une page de leurs futurs mémoires ; les hommes causent, les femmes babillent, des Anglais baragouinent, et un malheureux missionnaire, tout noir, longs cheveux noirs, longue barbe noire, peau sèche et noire, — sans doute pour ne point perdre l'accoutumance du roulis, — se balance avec volupté dans un fauteuil-bateau : il me donne, à moi, le mal de mer !

Quand on pense que dans deux jours, dans trois jours, il faudra partir ! Cette pensée nous attriste. Il fait si bon, ici ! C'est vrai, nous retournerons à notre cher Anjou ; nous retrouverons nos devoirs, nos affections, tout ce qui fait notre vie, mais nous laisserons ici un coin de notre cœur.

Vous savez, cher Monsieur le Directeur, si un bon coin du mien vous est dévoué pour toujours.

P.-M. MALSOU,

Curé de la Trinité, Directeur du Pèlerinage.

Angers, imprimerie Germain et G. Grassin. — 1768-1.

www.ingramcontent.com/pod-product-compliance
Lightning Source LLC
Chambersburg PA
CBHW071439030726
47594CB00006B/2765